El otro, el mismo

Jorge Luis Borges

El otro, el mismo

EMECÉ

Borges, Jorge Luis
    El otro, el mismo.- 1ª ed.– Buenos Aires : Emecé Editores,
2005.
    128 p. ; 23x14 cm.

    ISBN 950-04-2702-8

    1. Poesía Argentina-Cuentos I. Título
    CDD A861

Emecé Editores S.A.
Independencia 1668, C 1100 ABQ, Buenos Aires, Argentina
www.editorialplaneta.com.ar

Diseño de cubierta: *María Innaro*

© *1996, 2005, María Kodama*
© *1964, 1996, 2005, Emecé Editores S.A.*

3ª edición: mayo de 2005
(1ª edición en este formato)
Impreso en Talleres Gráficos Leograf S.R.L.,
Rucci 408, Valentín Alsina,
en el mes de mayo de 2005.

IMPRESO EN LA ARGENTINA / PRINTED IN ARGENTINA
Queda hecho el depósito que previene la ley 11.723
ISBN: 950-04-2702-8

Prólogo

De los muchos libros de versos que mi resignación, mi descuido y a veces mi pasión fueron borroneando, El otro, el mismo es el que prefiero. Ahí están el Otro poema de los dones, el Poema conjetural, Una rosa y Milton y Junín, que si la parcialidad no me engaña, no me deshonran. Ahí están asimismo mis hábitos: Buenos Aires, el culto de los mayores, la germanística, la contradicción del tiempo que pasa y de la identidad que perdura, mi estupor de que el tiempo, nuestra substancia, pueda ser compartido.

Este libro no es otra cosa que una compilación. Las piezas fueron escribiéndose para diversos moods y momentos, no para justificar un volumen. De ahí las previsibles monotonías, la repetición de palabras y tal vez de líneas enteras. En su cenáculo de la calle Victoria, el escritor —llamémoslo así— Alberto Hidalgo señaló mi costumbre de escribir la misma página dos veces, con variaciones mínimas. Lamento haberle contestado que él era no menos binario, salvo que en su caso particular la versión primera era de otro. Tales eran los deplorables modales de aquella época, que muchos miran con nos-

talgia. Todos queríamos ser héroes de anécdotas triviales. La observación de Hidalgo era justa; Alexander Selkirk no difiere notoriamente de Odisea, libro vigésimo tercero; El puñal prefigura la milonga que he titulado Un cuchillo en el Norte y quizá el relato El encuentro. Lo extraño, lo que no acabo de entender, es que mis segundas versiones, como ecos apagados e involuntarios, suelen ser inferiores a las primeras. En Lubbock, al borde del desierto, una alta muchacha me preguntó si al escribir El Golem, yo no había intentado una variación de Las ruinas circulares; le respondí que había tenido que atravesar todo el continente para recibir esa revelación, que era verdadera. Ambas composiciones, por lo demás, tienen sus diferencias; el soñador soñado está en una, la relación de la divinidad con el hombre y acaso la del poeta con la obra, en la que después redacté.

Los idiomas del hombre son tradiciones que entrañan algo de fatal. Los experimentos individuales son, de hecho, mínimos, salvo cuando el innovador se resigna a labrar un espécimen de museo, un juego destinado a la discusión de los historiadores de la literatura o al mero escándalo, como el Finnegans Wake o las Soledades. Alguna vez me atrajo la tentación de trasladar al castellano la música del inglés o del alemán; si hubiera ejecutado esa aventura, acaso imposible, yo sería un gran poeta, como aquel Garcilaso que nos dio la música de Italia, o como aquel anónimo sevillano que nos dio la de Roma, o como Darío, que nos dio la de Francia. No pasé de algún borrador urdido con palabras de pocas sílabas, que juiciosamente destruí.

Es curiosa la suerte del escritor. Al principio es barroco, vanidosamente barroco, y al cabo de los años puede lograr, si son favorables los astros, no la sencillez, que no es nada, sino la modesta y secreta complejidad.

Menos que las escuelas me ha educado una biblioteca —la de mi padre—; pese a las vicisitudes del tiempo y de las geografías, creo no haber leído en vano aquellos queridos volúmenes. En el Poema conjetural se advertirá la influencia de los monólogos dramáticos de Robert Browning; en otros, la de Lugones y, así lo espero, la de Whitman. Al rever estas páginas, me he sentido más cerca del modernismo que de las sectas ulteriores que su corrupción engendró y que ahora lo niegan.

Pater escribió que todas las artes propenden a la condición de la música, acaso porque en ella el fondo es la forma, ya que no podemos referir una melodía como podemos referir las líneas generales de un cuento. La poesía, admitido ese dictamen, sería un arte híbrido: la sujeción de un sistema abstracto de símbolos, el lenguaje, a fines musicales. Los diccionarios tienen la culpa de ese concepto erróneo. Suele olvidarse que son repertorios artificiosos, muy posteriores a las lenguas que ordenan. La raíz del lenguaje es irracional y de carácter mágico. El danés que articulaba el nombre de Thor o *el sajón que articulaba el nombre de Thunor no sabía si esas palabras significaban el dios del trueno o el estrépito que sucede al relámpago. La poesía quiere volver a esa antigua magia. Sin prefijadas leyes, obra de un modo vacilante y osado, como si caminara en la oscuridad. Ajedrez misterioso la poesía, cuyo tablero y cuyas piezas cambian como en un sueño y sobre el cual me inclinaré después de haber muerto.*

J. L. B.

INSOMNIO

De fierro,
de encorvados tirantes de enorme fierro, tiene que
    ser la noche,
para que no la revienten y la desfonden
las muchas cosas que mis abarrotados ojos han
    visto,
las duras cosas que insoportablemente la pueblan.

Mi cuerpo ha fatigado los niveles, las temperaturas,
    las luces:
en vagones de largo ferrocarril,
en un banquete de hombres que se aborrecen,
en el filo mellado de los suburbios,
en una quinta calurosa de estatuas húmedas,
en la noche repleta donde abundan el caballo y el
    hombre.

El universo de esta noche tiene la vastedad
del olvido y la precisión de la fiebre.

En vano quiero distraerme del cuerpo
y del desvelo de un espejo incesante
que lo prodiga y que lo acecha

y de la casa que repite sus patios
y del mundo que sigue hasta un despedazado arrabal
de callejones donde el viento se cansa y de barro
   torpe.

En vano espero
las desintegraciones y los símbolos que preceden
   al sueño.

Sigue la historia universal:
los rumbos minuciosos de la muerte en las caries
   dentales,
la circulación de mi sangre y de los planetas.

(He odiado el agua crapulosa de un charco,
he aborrecido en el atardecer el canto del pájaro.)

Las fatigadas leguas incesantes del suburbio del
   Sur,
leguas de pampa basurera y obscena, leguas de
   execración,
no se quieren ir del recuerdo.
Lotes anegadizos, ranchos en montón como
   perros, charcos de plata fétida:
soy el aborrecible centinela de esas colocaciones
   inmóviles.

Alambre, terraplenes, papeles muertos, sobras de
   Buenos Aires.

Creo esta noche en la terrible inmortalidad:
ningún hombre ha muerto en el tiempo, ninguna
    mujer, ningún muerto,
porque esta inevitable realidad de fierro y de barro
tiene que atravesar la indiferencia de cuantos estén
    dormidos o muertos
—aunque se oculten en la corrupción y en los
    siglos—
y condenarlos a vigilia espantosa.

Toscas nubes color borra de vino infamarán el cielo;
amanecerá en mis párpados apretados.

Adrogué, 1936.

TWO ENGLISH POEMS

To Beatriz Bibiloni Webster de Bullrich

I

The useless dawn finds me in a deserted
    streetcorner; I have outlived the night.
Nights are proud waves: darkblue topheavy waves
    laden with all hues of deep spoil, laden with
    things unlikely and desirable.
Nights have a habit of mysterious gifts and
    refusals, of things half given away, half
    withheld, of joys with a dark hemisphere.
    Nights act that way, I tell you.
The surge, that night, left me the customary
    shreds and odd ends: some hated friends to
    chat with, music for dreams, and the
    smoking of bitter ashes. The things my
    hungry heart has no use for.
The big wave brought you.
Words, any words, your laughter; and you so lazily
    and incessantly beautiful. We talked and you
    have forgotten the words.
The shattering dawn finds me in a deserted street
    of my city.

Your profile turned away, the sounds that go to
    make your name, the lilt of your laughter:
    these are illustrious toys you have left me.
I turn them over in the dawn, I lose them, I find
    them; I tell them to the few stray dogs and to
    the few stray stars of the dawn.
Your dark rich life...
I must get at you, somehow: I put away those
    illustrious toys you have left me, I want your
    hidden look, your real smile —that lonely,
    mocking smile your cool mirror knows.

II

What can I hold you with?
I offer you lean streets, desperate sunsets, the
    moon of the jagged suburbs.
I offer you the bitterness of a man who has looked
    long and long at the lonely moon.
I offer you my ancestors, my dead men, the ghosts
    that living men have honoured in bronze: my
    father's father killed in the frontier of Buenos
    Aires, two bullets through his lungs, bearded
    and dead, wrapped by his soldiers in the hide of
    a cow; my mother's grandfather —just
    twentyfour— heading a charge of three hundred
    men in Peru, now ghosts on vanished horses.
I offer you whatever insight my books may hold,
    whatever manliness or humour my life.

I offer you the loyalty of a man who has never
     been loyal.
I offer you that kernel of myself that I have saved,
     somehow —the central heart that deals not in
     words, traffics not with dreams and is
     untouched by time, by joy, by adversities.
I offer you the memory of a yellow rose seen at
     sunset, years before you were born.
I offer you explanations of yourself, theories about
     yourself, authentic and surprising news of
     yourself.
I can give you my loneliness, my darkness, the
     hunger of my heart; I am trying to bribe you
     with uncertainty, with danger, with defeat.

1934

LA NOCHE CÍCLICA

A Sylvina Bullrich

Lo supieron los arduos alumnos de Pitágoras:
los astros y los hombres vuelven cíclicamente;
los átomos fatales repetirán la urgente
Afrodita de oro, los tebanos, las ágoras.

En edades futuras oprimirá el centauro
con el casco solípedo el pecho del lapita;
cuando Roma sea polvo, gemirá en la infinita
noche de su palacio fétido el minotauro.

Volverá toda noche de insomnio: minuciosa.
La mano que esto escribe renacerá del mismo
vientre. Férreos ejércitos construirán el abismo.
(David Hume de Edimburgo dijo la misma cosa.)

No sé si volveremos en un ciclo segundo
como vuelven las cifras de una fracción
        periódica;
pero sé que una oscura rotación pitagórica
noche a noche me deja en un lugar del mundo

que es de los arrabales. Una esquina remota
que puede ser del Norte, del Sur o del Oeste,
pero que tiene siempre una tapia celeste,
una higuera sombría y una vereda rota.

Ahí está Buenos Aires. El tiempo que a los hombres
trae el amor o el oro, a mí apenas me deja
esta rosa apagada, esta vana madeja
de calles que repiten los pretéritos nombres

de mi sangre: Laprida, Cabrera, Soler, Suárez...
Nombres en que retumban (ya secretas) las dianas,
las repúblicas, los caballos y las mañanas,
las felices victorias, las muertes militares.

Las plazas agravadas por la noche sin dueño
son los patios profundos de un árido palacio
y las calles unánimes que engendran el espacio
son corredores de vago miedo y de sueño.

Vuelve la noche cóncava que descifró Anaxágoras;
vuelve a mi carne humana la eternidad constante
y el recuerdo ¿el proyecto? de un poema incesante:
"Lo supieron los arduos alumnos de Pitágoras..."

1940

DEL INFIERNO Y DEL CIELO

El Infierno de Dios no necesita
el esplendor del fuego. Cuando el Juicio
Universal retumbe en las trompetas
y la tierra publique sus entrañas
y resurjan del polvo las naciones
para acatar la Boca inapelable,
los ojos no verán los nueve círculos
de la montaña inversa; ni la pálida
pradera de perennes asfodelos
donde la sombra del arquero sigue
la sombra de la corza, eternamente;
ni la loba de fuego que en el ínfimo
piso de los infiernos musulmanes
es anterior a Adán y a los castigos;
ni violentos metales, ni siquiera
la visible tiniebla de Juan Milton.
No oprimirá un odiado laberinto
de triple hierro y fuego doloroso
las atónitas almas de los réprobos.

Tampoco el fondo de los años guarda
un remoto jardín. Dios no requiere
para alegrar los méritos del justo,

orbes de luz, concéntricas teorías
de tronos, potestades, querubines,
ni el espejo ilusorio de la música
ni las profundidades de la rosa
ni el esplendor aciago de uno solo
de Sus tigres, ni la delicadeza
de un ocaso amarillo en el desierto
ni el antiguo, natal sabor del agua.
En Su misericordia no hay jardines
ni luz de una esperanza o de un recuerdo.

En el cristal de un sueño he vislumbrado
el Cielo y el Infierno prometidos:
cuando el Juicio retumbe en las trompetas
últimas y el planeta milenario
sea obliterado y bruscamente cesen
¡oh Tiempo! tus efímeras pirámides,
los colores y líneas del pasado
definirán en la tiniebla un rostro
durmiente, inmóvil, fiel, inalterable
(tal vez el de la amada, quizá el tuyo)
y la contemplación de ese inmediato
rostro incesante, intacto, incorruptible,
será para los réprobos, Infierno;
para los elegidos, Paraíso.

1942

POEMA CONJETURAL

El doctor Francisco Laprida, asesinado el día 22 de setiembre de 1829, por los montoneros de Aldao, piensa antes de morir:

Zumban las balas en la tarde última.
Hay viento y hay cenizas en el viento,
se dispersan el día y la batalla
deforme, y la victoria es de los otros.
Vencen los bárbaros, los gauchos vencen.
Yo, que estudié las leyes y los cánones,
yo, Francisco Narciso de Laprida,
cuya voz declaró la independencia
de estas crueles provincias, derrotado,
de sangre y de sudor manchado el rostro,
sin esperanza ni temor, perdido,
huyo hacia el Sur por arrabales últimos.
Como aquel capitán del Purgatorio
que, huyendo a pie y ensangrentando el llano,
fue cegado y tumbado por la muerte
donde un oscuro río pierde el nombre,
así habré de caer. Hoy es el término.
La noche lateral de los pantanos
me acecha y me demora. Oigo los cascos

de mi caliente muerte que me busca
con jinetes, con belfos y con lanzas.

Yo que anhelé ser otro, ser un hombre
de sentencias, de libros, de dictámenes,
a cielo abierto yaceré entre ciénagas;
pero me endiosa el pecho inexplicable
un júbilo secreto. Al fin me encuentro
con mi destino sudamericano.
A esta ruinosa tarde me llevaba
el laberinto múltiple de pasos
que mis días tejieron desde un día
de la niñez. Al fin he descubierto
la recóndita clave de mis años,
la suerte de Francisco de Laprida,
la letra que faltaba, la perfecta
forma que supo Dios desde el principio.
En el espejo de esta noche alcanzo
mi insospechado rostro eterno. El círculo
se va a cerrar. Yo aguardo que así sea.

Pisan mis pies la sombra de las lanzas
que me buscan. Las befas de mi muerte,
los jinetes, las crines, los caballos,
se ciernen sobre mí... Ya el primer golpe,
ya el duro hierro que me raja el pecho,
el íntimo cuchillo en la garganta.

1943

POEMA DEL CUARTO ELEMENTO

El dios a quien un hombre de la estirpe de Atreo
apresó en una playa que el bochorno lacera,
se convirtió en león, en dragón, en pantera,
en un árbol y en agua. Porque el agua es Proteo.

Es la nube, la irrecordable nube, es la gloria
del ocaso que ahonda, rojo, los arrabales;
es el Maelström que tejen los vórtices glaciales,
y la lágrima inútil que doy a tu memoria.

Fue, en las cosmogonías, el origen secreto
de la tierra que nutre, del fuego que devora,
de los dioses que rigen el poniente y la aurora.
(Así lo afirman Séneca y Tales de Mileto.)

El mar y la moviente montaña que destruye
a la nave de hierro sólo son tus anáforas,
y el tiempo irreversible que nos hiere y que huye,
agua, no es otra cosa que una de tus metáforas.

Fuiste, bajo ruinosos vientos, el laberinto
sin muros ni ventana, cuyos caminos grises
largamente desviaron al anhelado Ulises,
de la Muerte segura y el Azar indistinto.

Brillas como las crueles hojas de los alfanjes,
hospedas, como el sueño, monstruos y pesadillas.
Los lenguajes del hombre te agregan maravillas
y tu fuga se llama el Éufrates o el Ganges.

(Afirman que es sagrada el agua del postrero,
pero como los mares urden oscuros canjes
y el planeta es poroso, también es verdadero
afirmar que todo hombre se ha bañado en el
     Ganges.)

De Quincey, en el tumulto de los sueños, ha visto
empedrarse tu océano de rostros, de naciones;
has aplacado el ansia de las generaciones,
has lavado la carne de mi padre y de Cristo.

Agua, te lo suplico. Por este soñoliento
nudo de numerosas palabras que te digo,
acuérdate de Borges, tu nadador, tu amigo.
No faltes a mis labios en el postrer momento.

A UN POETA MENOR
DE LA ANTOLOGÍA

¿Dónde está la memoria de los días
que fueron tuyos en la tierra, y tejieron
dicha y dolor y fueron para ti el universo?

El río numerable de los años
los ha perdido; eres una palabra en un índice.

Dieron a otros gloria interminable los dioses,
inscripciones y exergos y monumentos y puntuales
    historiadores;
de ti sólo sabemos, oscuro amigo,
que oíste al ruiseñor, una tarde.

Entre los asfodelos de la sombra, tu vana sombra
pensará que los dioses han sido avaros.

Pero los días son una red de triviales miserias,
¿y habrá suerte mejor que la ceniza
de que está hecho el olvido?

Sobre otros arrojaron los dioses
la inexorable luz de la gloria, que mira las entrañas
    y enumera las grietas,

de la gloria, que acaba por ajar la rosa que venera;
contigo fueron más piadosos, hermano.

En el éxtasis de un atardecer que no será una noche,
oyes la voz del ruiseñor de Teócrito.

PÁGINA PARA RECORDAR
AL CORONEL SUÁREZ, VENCEDOR
EN JUNÍN

Qué importan las penurias, el destierro,
la humillación de envejecer, la sombra creciente
del dictador sobre la patria, la casa en el Barrio del
    Alto
que vendieron sus hermanos mientras guerreaba,
    los días inútiles
(los días que uno espera olvidar, los días que uno
    sabe que olvidará),
si tuvo su hora alta, a caballo,
en la visible pampa de Junín como en un escenario
    para el futuro,
como si el anfiteatro de montañas fuera el
    futuro.

Qué importa el tiempo sucesivo si en él
hubo una plenitud, un éxtasis, una tarde.

Sirvió trece años en las guerras de América. Al fin
    la suerte lo llevó al Estado Oriental, a campos
    del Río Negro.
En los atardeceres pensaría
que para él había florecido esa rosa:

la encarnada batalla de Junín, el instante
  infinito
en que las lanzas se tocaron, la orden que movió
  la batalla,
la derrota inicial, y entre los fragores
(no menos brusca para él que para la tropa)
su voz gritando a los peruanos que arremetieran,
la luz, el ímpetu y la fatalidad de la carga,
el furioso laberinto de los ejércitos,
la batalla de lanzas en la que no retumbó un solo
  tiro,
el *godo* que atravesó con el hierro,
la victoria, la felicidad, la fatiga, un principio de
  sueño,
y la gente muriendo entre los pantanos,
y Bolívar pronunciando palabras sin duda
  históricas
y el sol ya occidental y el recuperado sabor del
  agua y del vino,
y aquel muerto sin cara porque la pisó y borró la
  batalla...

Su bisnieto escribe estos versos y una tácita voz
desde lo antiguo de la sangre le llega:
—Qué importa mi batalla de Junín si es una
  gloriosa memoria,
una fecha que se aprende para un examen o un
  lugar en el atlas.
La batalla es eterna y puede prescindir de la
  pompa

de visibles ejércitos con clarines;
Junín son dos civiles que en una esquina maldicen
    a un tirano,
o un hombre oscuro que se muere en la cárcel.

1953

MATEO, XXV, 30

El primer puente de Constitución y a mis pies
fragor de trenes que tejían laberintos de hierro.
Humo y silbatos escalaban la noche,
que de golpe fue el Juicio Universal. Desde el
    invisible horizonte
y desde el centro de mi ser, una voz infinita
dijo estas cosas (estas cosas, no estas palabras,
que son mi pobre traducción temporal de una sola
    palabra):
—Estrellas, pan, bibliotecas orientales y
    occidentales,
naipes, tableros de ajedrez, galerías, claraboyas y
    sótanos,
un cuerpo humano para andar por la tierra,
uñas que crecen en la noche, en la muerte,
sombra que olvida, atareados espejos que
    multiplican,
declives de la música, la más dócil de las formas
    del tiempo,
fronteras del Brasil y del Uruguay, caballos y
    mañanas,
una pesa de bronce y un ejemplar de la *Saga de
    Grettir,*

álgebra y fuego, la carga de Junín en tu sangre,
días más populosos que Balzac, el olor de la
    madreselva,
amor y víspera de amor y recuerdos intolerables,
el sueño como un tesoro enterrado, el dadivoso azar
y la memoria, que el hombre no mira sin vértigo,
todo eso te fue dado, y también
el antiguo alimento de los héroes:
la falsía, la derrota, la humillación.
En vano te hemos prodigado el océano;
en vano el sol, que vieron los maravillados ojos de
    Whitman;
has gastado los años y te han gastado,
y todavía no has escrito el poema.

1953

UNA BRÚJULA

A Esther Zemborain de Torres

Todas las cosas son palabras del
idioma en que Alguien o Algo, noche y día,
escribe esa infinita algarabía
que es la historia del mundo. En su tropel

pasan Cartago y Roma, yo, tú, él,
mi vida que no entiendo, esta agonía
de ser enigma, azar, criptografía
y toda la discordia de Babel.

Detrás del nombre hay lo que no se nombra;
hoy he sentido gravitar su sombra
en esta aguja azul, lúcida y leve,

que hacia el confín de un mar tiende su empeño,
con algo de reloj visto en un sueño
y algo de ave dormida que se mueve.

UNA LLAVE EN SALÓNICA

Abarbanel, Farías o Pinedo,
arrojados de España por impía
persecución, conservan todavía
la llave de una casa de Toledo.

Libres ahora de esperanza y miedo,
miran la llave al declinar el día;
en el bronce hay ayeres, lejanía,
cansado brillo y sufrimiento quedo.

Hoy que su puerta es polvo, el instrumento
es cifra de la diáspora y del viento,
afín a esa otra llave del santuario

que alguien lanzó al azul, cuando el romano
acometió con fuego temerario,
y que en el cielo recibió una mano.

UN POETA DEL SIGLO XIII

Vuelve a mirar los arduos borradores
de aquel primer soneto innominado,
la página arbitraria en que ha mezclado
tercetos y cuartetos pecadores.

Lima con lenta pluma sus rigores
y se detiene. Acaso le ha llegado
del porvenir y de su horror sagrado
un rumor de remotos ruiseñores.

¿Habrá sentido que no estaba solo
y que el arcano, el increíble Apolo
le había revelado un arquetipo,

un ávido cristal que apresaría
cuanto la noche cierra o abre el día:
dédalo, laberinto, enigma, Edipo?

UN SOLDADO DE URBINA

Sospechándose indigno de otra hazaña
como aquélla en el mar, este soldado,
a sórdidos oficios resignado,
erraba oscuro por su dura España.

Para borrar o mitigar la saña
de lo real, buscaba lo soñado
y le dieron un mágico pasado
los ciclos de Rolando y de Bretaña.

Contemplaría, hundido el sol, el ancho
campo en que dura un resplandor de cobre;
se creía acabado, solo y pobre,

sin saber de qué música era dueño;
atravesando el fondo de algún sueño,
por él ya andaban don Quijote y Sancho.

LÍMITES

De estas calles que ahondan el poniente,
una habrá (no sé cuál) que he recorrido
ya por última vez, indiferente
y sin adivinarlo, sometido

a Quien prefija omnipotentes normas
y una secreta y rígida medida
a las sombras, los sueños y las formas
que destejen y tejen esta vida.

Si para todo hay término y hay tasa
y última vez y nunca más y olvido
¿quién nos dirá de quién, en esta casa,
sin saberlo, nos hemos despedido?

Tras el cristal ya gris la noche cesa
y del alto de libros que una trunca
sombra dilata por la vaga mesa,
alguno habrá que no leeremos nunca.

Hay en el Sur más de un portón gastado
con sus jarrones de mampostería
y tunas, que a mi paso está vedado
como si fuera una litografía.

Para siempre cerraste alguna puerta
y hay un espejo que te aguarda en vano;
la encrucijada te parece abierta
y la vigila, cuadrifronte, Jano.

Hay, entre todas tus memorias, una
que se ha perdido irreparablemente;
no te verán bajar a aquella fuente
ni el blanco sol ni la amarilla luna.

No volverá tu voz a lo que el persa
dijo en su lengua de aves y de rosas,
cuando al ocaso, ante la luz dispersa,
quieras decir inolvidables cosas.

¿Y el incesante Ródano y el lago,
todo ese ayer sobre el cual hoy me inclino?
Tan perdido estará como Cartago
que con fuego y con sal borró el latino.

Creo en el alba oír un atareado
rumor de multitudes que se alejan;
son lo que me ha querido y olvidado;
espacio y tiempo y Borges ya me dejan.

BALTASAR GRACIÁN

Laberintos, retruécanos, emblemas,
helada y laboriosa nadería,
fue para este jesuita la poesía,
reducida por él a estratagemas.

No hubo música en su alma; sólo un vano
herbario de metáforas y argucias
y la veneración de las astucias
y el desdén de lo humano y sobrehumano.

No lo movió la antigua voz de Homero
ni esa, de plata y luna, de Virgilio;
no vio al fatal Edipo en el exilio
ni a Cristo que se muere en un madero.

A las claras estrellas orientales
que palidecen en la vasta aurora,
apodó con palabra pecadora
gallinas de los campos celestiales.

Tan ignorante del amor divino
como del otro que en las bocas arde,
lo sorprendió la Pálida una tarde
leyendo las estrofas del Marino.

Su destino ulterior no está en la historia;
librado a las mudanzas de la impura
tumba el polvo que ayer fue su figura,
el alma de Gracián entró en la gloria.

¿Qué habrá sentido al contemplar de frente
los Arquetipos y los Esplendores?
Quizá lloró y se dijo: Vanamente
busqué alimento en sombras y en errores.

¿Qué sucedió cuando el inexorable
sol de Dios, La Verdad, mostró su fuego?
Quizá la luz de Dios lo dejó ciego
en mitad de la gloria interminable.

Sé de otra conclusión. Dado a sus temas
minúsculos, Gracián no vio la gloria
y sigue resolviendo en la memoria
laberintos, retruécanos y emblemas.

UN SAJÓN
(449 A.D.)

Ya se había hundido la encorvada luna;
lento en el alba el hombre rubio y rudo
pisó con receloso pie desnudo
la arena minuciosa de la duna.

Más allá de la pálida bahía,
blancas tierras miró y negros alcores,
en esa hora elemental del día
en que Dios no ha creado los colores.

Era tenaz. Obraron su fortuna
remos, redes, arado, espada, escudo;
la dura mano que guerreaba pudo
grabar con hierro una porfiada runa.

De una tierra de ciénagas venía
a ésta que roen los pesados mares;
sobre él se abovedaba como el día
el Destino, y también sobre sus lares,

Woden o Thunor, que con torpe mano
engalanó de trapos y de clavos
y en cuyo altar sacrificó al arcano
caballos, perros, pájaros y esclavos.

Para cantar memorias o alabanzas
amonedaba laboriosos nombres;
la guerra era el encuentro de los hombres
y también el encuentro de las lanzas.

Su mundo era de magias en los mares,
de reyes y de lobos y del Hado
que no perdona y del horror sagrado
que hay en el corazón de los pinares.

Traía las palabras esenciales
de una lengua que el tiempo exaltaría
a música de Shakespeare: noche, día,
agua, fuego, colores y metales,

hambre, sed, amargura, sueño, guerra,
muerte y los otros hábitos humanos;
en arduos montes y en abiertos llanos,
sus hijos engendraron a Inglaterra.

EL GOLEM

Si (como el griego afirma en el Cratilo)
el nombre es arquetipo de la cosa,
en las letras de *rosa* está la rosa
y todo el Nilo en la palabra *Nilo*.

Y, hecho de consonantes y vocales,
habrá un terrible Nombre, que la esencia
cifre de Dios y que la Omnipotencia
guarde en letras y sílabas cabales.

Adán y las estrellas lo supieron
en el jardín. La herrumbre del pecado
(dicen los cabalistas) lo ha borrado
y las generaciones lo perdieron.

Los artificios y el candor del hombre
no tienen fin. Sabemos que hubo un día
en que el pueblo de Dios buscaba el Nombre
en las vigilias de la judería.

No a la manera de otras que una vaga
sombra insinúan en la vaga historia,
aún está verde y viva la memoria
de Judá León, que era rabino en Praga.

Sediento de saber lo que Dios sabe,
Judá León se dio a permutaciones
de letras y a complejas variaciones
y al fin pronunció el Nombre que es la Clave,

la Puerta, el Eco, el Huésped y el Palacio,
sobre un muñeco que con torpes manos
labró, para enseñarle los arcanos
de las Letras, del Tiempo y del Espacio.

El simulacro alzó los soñolientos
párpados y vio formas y colores
que no entendió, perdidos en rumores
y ensayó temerosos movimientos.

Gradualmente se vio (como nosotros)
aprisionado en esta red sonora
de Antes, Después, Ayer, Mientras, Ahora,
Derecha, Izquierda, Yo, Tú, Aquellos, Otros.

(El cabalista que ofició de numen
a la vasta criatura apodó Golem;
estas verdades las refiere Scholem
en un docto lugar de su volumen.)

El rabí le explicaba el universo
Esto es mi pie; esto el tuyo; esto la soga
y logró, al cabo de años, que el perverso
barriera bien o mal la sinagoga.

Tal vez hubo un error en la grafía
o en la articulación del Sacro Nombre;
a pesar de tan alta hechicería,
no aprendió a hablar el aprendiz de hombre.

Sus ojos, menos de hombre que de perro
y harto menos de perro que de cosa,
seguían al rabí por la dudosa
penumbra de las piezas del encierro.

Algo anormal y tosco hubo en el Golem,
ya que a su paso el gato del rabino
se escondía. (Ese gato no está en Scholem
pero, a través del tiempo, lo adivino.)

Elevando a su Dios manos filiales,
las devociones de su Dios copiaba
o, estúpido y sonriente, se ahuecaba
en cóncavas zalemas orientales.

El rabí lo miraba con ternura
y con algún horror. *¿Cómo* (se dijo)
pude engendrar este penoso hijo
y la inacción dejé, que es la cordura?

¿Por qué di en agregar a la infinita
serie un símbolo más? ¿Por qué a la vana
madeja que en lo eterno se devana,
di otra causa, otro efecto y otra cuita?

En la hora de angustia y de luz vaga,
en su Golem los ojos detenía.
¿Quién nos dirá las cosas que sentía
Dios, al mirar a su rabino en Praga?

1958

EL TANGO

¿Dónde estarán? pregunta la elegía
de quienes ya no son, como si hubiera
una región en que el Ayer pudiera
ser el Hoy, el Aún y el Todavía.

¿Dónde estará (repito) el malevaje
que fundó en polvorientos callejones
de tierra o en perdidas poblaciones
la secta del cuchillo y del coraje?

¿Dónde estarán aquellos que pasaron,
dejando a la epopeya un episodio,
una fábula al tiempo, y que sin odio,
lucro o pasión de amor se acuchillaron?

Los busco en su leyenda, en la postrera
brasa que, a modo de una vaga rosa,
guarda algo de esa chusma valerosa
de los Corrales y de Balvanera.

¿Qué oscuros callejones o qué yermo
del otro mundo habitará la dura
sombra de aquel que era una sombra oscura,
Muraña, ese cuchillo de Palermo?

¿Y ese Iberra fatal (de quien los santos
se apiaden) que en un puente de la vía,
mató a su hermano el Ñato, que debía
más muertes que él, y así igualó los tantos?

Una mitología de puñales
lentamente se anula en el olvido;
una canción de gesta se ha perdido
en sórdidas noticias policiales.

Hay otra brasa, otra candente rosa
de la ceniza que los guarda enteros;
ahí están los soberbios cuchilleros
y el peso de la daga silenciosa.

Aunque la daga hostil o esa otra daga,
el tiempo, los perdieron en el fango,
hoy, más allá del tiempo y de la aciaga
muerte, esos muertos viven en el tango.

En la música están, en el cordaje
de la terca guitarra trabajosa,
que trama en la milonga venturosa
la fiesta y la inocencia del coraje.

Gira en el hueco la amarilla rueda
de caballos y leones, y oigo el eco
de esos tangos de Arolas y de Greco
que yo he visto bailar en la vereda,

en un instante que hoy emerge aislado,
sin antes ni después, contra el olvido,
y que tiene el sabor de lo perdido,
de lo perdido y lo recuperado.

En los acordes hay antiguas cosas:
el otro patio y la entrevista parra.
(Detrás de las paredes recelosas
el Sur guarda un puñal y una guitarra.)

Esa ráfaga, el tango, esa diablura,
los atareados años desafía;
hecho de polvo y tiempo, el hombre dura
menos que la liviana melodía,

que sólo es tiempo. El tango crea un turbio
pasado irreal que de algún modo es cierto,
el recuerdo imposible de haber muerto
peleando, en una esquina del suburbio.

EL OTRO

En el primero de sus largos miles
de hexámetros de bronce invoca el griego
a la ardua musa o a un arcano fuego
para cantar la cólera de Aquiles.
Sabía que otro —un Dios— es el que hiere
de brusca luz nuestra labor oscura;
siglos después diría la Escritura
que el Espíritu sopla donde quiere.
La cabal herramienta a su elegido
da el despiadado dios que no se nombra:
a Milton las paredes de la sombra,
el destierro a Cervantes y el olvido.
Suyo es lo que perdura en la memoria
del tiempo secular. Nuestra la escoria.

UNA ROSA Y MILTON

De las generaciones de las rosas
que en el fondo del tiempo se han perdido
quiero que una se salve del olvido,
una sin marca o signo entre las cosas
que fueron. El destino me depara
este don de nombrar por vez primera
esa flor silenciosa, la postrera
rosa que Milton acercó a su cara,
sin verla. Oh tú bermeja o amarilla
o blanca rosa de un jardín borrado,
deja mágicamente tu pasado
inmemorial y en este verso brilla,
oro, sangre o marfil o tenebrosa
como en sus manos, invisible rosa.

LECTORES

De aquel Hidalgo de cetrina y seca
tez y de heroico afán se conjetura
que, en víspera perpetua de aventura,
no salió nunca de su biblioteca.
La crónica puntual que sus empeños
narra y sus tragicómicos desplantes
fue soñada por él, no por Cervantes,
y no es más que una crónica de sueños.
Tal es también mi suerte. Sé que hay algo
inmortal y esencial que he sepultado
en esa biblioteca del pasado
en que leí la historia del hidalgo.
Las lentas hojas vuelve un niño y grave
sueña con vagas cosas que no sabe.

JUAN, I, 14

Refieren las historias orientales
la de aquel rey del tiempo, que sujeto
a tedio y esplendor, sale en secreto
y solo, a recorrer los arrabales

y a perderse en la turba de las gentes
de rudas manos y de oscuros nombres;
hoy, como aquel Emir de los Creyentes,
Harún, Dios quiere andar entre los hombres

y nace de una madre, como nacen
los linajes que en polvo se deshacen,
y le será entregado el orbe entero,

aire, agua, pan, mañanas, piedra y lirio,
pero después la sangre del martirio,
el escarnio, los clavos y el madero.

EL DESPERTAR

Entra la luz y asciendo torpemente
de los sueños al sueño compartido
y las cosas recobran su debido
y esperado lugar y en el presente
converge abrumador y vasto el vago
ayer: las seculares migraciones
del pájaro y del hombre, las legiones
que el hierro destrozó, Roma y Cartago.
Vuelve también la cotidiana historia:
mi voz, mi rostro, mi temor, mi suerte.
¡Ah, si aquel otro despertar, la muerte,
me deparara un tiempo sin memoria
de mi nombre y de todo lo que he sido!
¡Ah, si en esa mañana hubiera olvido!

A QUIEN YA NO ES JOVEN

Ya puedes ver el trágico escenario
y cada cosa en el lugar debido;
la espada y la ceniza para Dido
y la moneda para Belisario.

¿A qué sigues buscando en el brumoso
bronce de los hexámetros la guerra
si están aquí los siete pies de tierra,
la brusca sangre y el abierto foso?

Aquí te acecha el insondable espejo
que soñará y olvidará el reflejo
de tus postrimerías y agonías.

Ya te cerca lo último. Es la casa
donde tu lenta y breve tarde pasa
y la calle que ves todos los días.

ALEXANDER SELKIRK

Sueño que el mar, el mar aquél, me encierra
y del sueño me salvan las campanas
de Dios, que santifican las mañanas
de estos íntimos campos de Inglaterra.

Cinco años padecí mirando eternas
cosas de soledad y de infinito,
que ahora son esa historia que repito,
ya como una obsesión, en las tabernas.

Dios me ha devuelto al mundo de los hombres,
a espejos, puertas, números y nombres,
y ya no soy aquel que eternamente

miraba el mar y su profunda estepa
¿y cómo haré para que ese otro sepa
que estoy aquí, salvado, entre mi gente?

ODISEA, LIBRO VIGÉSIMO TERCERO

Ya la espada de hierro ha ejecutado
la debida labor de la venganza;
ya los ásperos dardos y la lanza
la sangre del perverso han prodigado.

A despecho de un dios y de sus mares
a su reino y su reina ha vuelto Ulises,
a despecho de un dios y de los grises
vientos y del estrépito de Ares.

Ya en el amor del compartido lecho
duerme la clara reina sobre el pecho
de su rey pero ¿dónde está aquel hombre

que en los días y noches del destierro
erraba por el mundo como un perro
y decía que Nadie era su nombre?

ÉL

Los ojos de tu carne ven el brillo
del insufrible sol, tu carne toca
polvo disperso o apretada roca;
Él es la luz, lo negro y lo amarillo.
Es y los ve. Desde incesantes ojos
te mira y es los ojos que un reflejo
indagan y los ojos del espejo,
las negras hidras y los tigres rojos.
No le basta crear. Es cada una
de las criaturas de Su extraño mundo:
las porfiadas raíces del profundo
cedro y las mutaciones de la luna.
Me llamaban Caín. Por mí el Eterno
sabe el sabor del fuego del infierno.

SARMIENTO

No lo abruman el mármol y la gloria.
Nuestra asidua retórica no lima
su áspera realidad. Las aclamadas
fechas de centenarios y de fastos
no hacen que este hombre solitario sea
menos que un hombre. No es un eco antiguo
que la cóncava fama multiplica
o, como éste o aquél, un blanco símbolo
que pueden manejar las dictaduras.
Es él. Es el testigo de la patria,
el que ve nuestra infamia y nuestra gloria,
la luz de Mayo y el horror de Rosas
y el otro horror y los secretos días
del minucioso porvenir. Es alguien
que sigue odiando, amando y combatiendo.
Sé que en aquellas albas de setiembre
que nadie olvidará y que nadie puede
contar, lo hemos sentido. Su obstinado
amor quiere salvarnos. Noche y día
camina entre los hombres, que le pagan
(porque no ha muerto) su jornal de injurias
o de veneraciones. Abstraído
en su larga visión como en un mágico

cristal que a un tiempo encierra las tres caras
del tiempo que es después, antes, ahora,
Sarmiento el soñador sigue soñándonos.

A UN POETA MENOR DE 1899

Dejar un verso para la hora triste
que en el confín del día nos acecha,
ligar tu nombre a su doliente fecha
de oro y de vaga sombra. Eso quisiste.
¡Con qué pasión, al declinar el día,
trabajarías el extraño verso
que, hasta la dispersión del universo,
la hora de extraño azul confirmaría!
No sé si lo lograste siquiera,
vago hermano mayor, si has existido,
pero estoy solo y quiero que el olvido
restituya a los días tu ligera
sombra para este ya cansado alarde
de unas palabras en que esté la tarde.

TEXAS

Aquí también. Aquí, como en el otro
confín del continente, el infinito
campo en que muere solitario el grito;
aquí también el indio, el lazo, el potro.
Aquí también el pájaro secreto
que sobre los fragores de la historia
canta para una tarde y su memoria;
aquí también el místico alfabeto
de los astros, que hoy dictan a mi cálamo
nombres que el incesante laberinto
de los días no arrastra: San Jacinto
y esas otras Termópilas, el Álamo.
Aquí también esa desconocida
y ansiosa y breve cosa que es la vida.

COMPOSICIÓN ESCRITA
EN UN EJEMPLAR DE LA GESTA
DE BEOWULF

A veces me pregunto qué razones
me mueven a estudiar sin esperanza
de precisión, mientras mi noche avanza,
la lengua de los ásperos sajones.
Gastada por los años la memoria
deja caer la en vano repetida
palabra y es así como mi vida
teje y desteje su cansada historia.
Será (me digo entonces) que de un modo
secreto y suficiente el alma sabe
que es inmortal y que su vasto y grave
círculo abarca todo y puede todo.
Más allá de este afán y de este verso
me aguarda inagotable el universo.

HENGIST CYNING

EPITAFIO DEL REY

Bajo la piedra yace el cuerpo de Hengist
que fundó en estas islas el primer reino
de la estirpe de Odín
y sació el hambre de las águilas.

HABLA EL REY

No sé qué runas habrá marcado el hierro en la piedra
pero mis palabras son éstas:
Bajo los cielos yo fui Hengist el mercenario.
Vendí mi fuerza y mi coraje a los reyes
de las regiones del ocaso que lindan
con el mar que se llama
El Guerrero Armado de Lanza,
pero la fuerza y el coraje no sufren
que las vendan los hombres
y así, después de haber acuchillado en el Norte
a los enemigos del rey britano,
le quité la luz y la vida.
Me place el reino que gané con la espada;

hay ríos para el remo y para la red
y largos veranos
y tierra para el arado y para la hacienda
y britanos para trabajarla
y ciudades de piedra que entregaremos
a la desolación,
porque las habitan los muertos.
Yo sé que a mis espaldas
me tildan de traidor los britanos,
pero yo he sido fiel a mi valentía
y no he confiado mi destino a los otros
y ningún hombre se animó a traicionarme.

FRAGMENTO

Una espada,
una espada de hierro forjada en el frío del alba,
una espada con runas
que nadie podrá desoír ni descifrar del todo,
una espada del Báltico que será cantada en
  Nortumbria.
Una espada que los poetas
igualarán al hielo y al fuego,
una espada que un rey dará a otro rey
y este rey a un sueño,
una espada que será leal
hasta una hora que ya sabe el Destino,
una espada que iluminará la batalla.

Una espada para la mano
que regirá la hermosa batalla, el tejido de hombres,
una espada para la mano
que enrojecerá los dientes del lobo
y el despiadado pico del cuervo,
una espada para la mano
que prodigará el oro rojo,
una espada para la mano
que dará muerte a la serpiente en su lecho de oro,

una espada para la mano
que ganará un reino y perderá un reino,
una espada para la mano
que derribará la selva de lanzas.
Una espada para la mano de Beowulf.

A UNA ESPADA EN YORK MINSTER

En su hierro perdura el hombre fuerte,
hoy polvo de planeta, que en las guerras
de ásperos mares y arrasadas tierras
lo esgrimió, vano al fin, contra la muerte.

Vana también la muerte. Aquí está el hombre
blanco y feral que de Noruega vino,
urgido por el épico destino;
su espada es hoy su símbolo y su nombre.

Pese a la larga muerte y su destierro,
la mano atroz sigue oprimiendo el hierro
y soy sombra en la sombra ante el guerrero

cuya sombra está aquí. Soy un instante
y el instante ceniza, no diamante,
y sólo lo pasado es verdadero.

A UN POETA SAJÓN

Tú cuya carne, hoy dispersión y polvo,
pesó como la nuestra sobre la tierra,
tú cuyos ojos vieron el sol, esa famosa estrella,
tú que viviste no en el rígido ayer
sino en el incesante presente,
en el último punto y ápice vertiginoso del tiempo,
tú que en tu monasterio fuiste llamado
por la antigua voz de la épica,
tú que tejiste las palabras,
tú que cantaste la victoria de Brunanburh
y no la atribuiste al Señor
sino a la espada de tu rey,
tú que con júbilo feroz cantaste,
la humillación del viking,
el festín del cuervo y del águila,
tú que en la oda militar congregaste
las rituales metáforas de la estirpe,
tú que en un tiempo sin historia
viste en el ahora el ayer
y en el sudor y sangre de Brunanburh
un cristal de antiguas auroras,
tú que tanto querías a tu Inglaterra
y no la nombraste,

hoy no eres otra cosa que unas palabras
que los germanistas anotan.
Hoy no eres otra cosa que mi voz
cuando revive tus palabras de hierro.

Pido a mis dioses o a la suma del tiempo
que mis días merezcan el olvido,
que mi nombre sea Nadie como el de Ulises,
pero que algún verso perdure
en la noche propicia a la memoria
o en las mañanas de los hombres.

SNORRI STURLUSON
(1179-1241)

Tú que legaste una mitología
de hielo y fuego a la filial memoria,
tú, que fijaste la violenta gloria
de tu estirpe de acero y de osadía,

sentiste con asombro en una tarde
de espadas que tu triste carne humana
temblaba. En esa tarde sin mañana
te fue dado saber que eras cobarde.

En la noche de Islandia, la salobre
borrasca mueve el mar. Está cercada
tu casa. Has bebido hasta las heces

el deshonor inolvidable. Sobre
tu pálida cabeza cae la espada
como en tu libro cayó tantas veces.

A CARLOS XII

Viking de las estepas, Carlos Doce
de Suecia, que cumpliste aquel camino
del Septentrión al Sur de tu divino
antecesor Odín, fueron tu goce
los trabajos que mueven la memoria
de los hombres al canto, la batalla
mortal, el duro horror de la metralla,
la firme espada y la sangrienta gloria.
Supiste que vencer o ser vencido
son caras de un Azar indiferente,
que no hay otra virtud que ser valiente
y que el mármol, al fin, será el olvido.
Ardes glacial, más solo que el desierto;
nadie llegó a tu alma y ya estás muerto.

EMANUEL SWEDENBORG

Más alto que los otros, caminaba
aquel hombre lejano entre los hombres;
apenas si llamaba por sus nombres
secretos a los ángeles. Miraba
lo que no ven los ojos terrenales:
la ardiente geometría, el cristalino
edificio de Dios y el remolino
sórdido de los goces infernales.
Sabía que la Gloria y el Averno
en tu alma están y sus mitologías;
sabía, como el griego, que los días
del tiempo son espejos del Eterno.
En árido latín fue registrando
últimas cosas sin por qué ni cuándo.

JONATHAN EDWARDS
(1703-1785)

Lejos de la ciudad, lejos del foro
clamoroso y del tiempo, que es mudanza,
Edwards, eterno ya, sueña y avanza
a la sombra de árboles de oro.
Hoy es mañana y es ayer. No hay una
cosa de Dios en el sereno ambiente
que no lo exalte misteriosamente,
el oro de la tarde o de la luna.
Piensa feliz que el mundo es un eterno
instrumento de ira y que el ansiado
cielo para unos pocos fue creado
y casi para todos el infierno.
En el centro puntual de la maraña
hay otro prisionero, Dios, la Araña.

EMERSON

Ese alto caballero americano
cierra el volumen de Montaigne y sale
en busca de otro goce que no vale
menos, la tarde que ya exalta el llano.
Hacia el hondo poniente y su declive,
hacia el confín que ese poniente dora,
camina por los campos como ahora
por la memoria de quien esto escribe.
Piensa: Leí los libros esenciales
y otros compuse que el oscuro olvido
no ha de borrar. Un dios me ha concedido
lo que es dado saber a los mortales.
Por todo el continente anda mi nombre;
no he vivido. Quisiera ser otro hombre.

EDGAR ALLAN POE

Pompas del mármol, negra anatomía
que ultrajan los gusanos sepulcrales,
del triunfo de la muerte los glaciales
símbolos congregó. No los temía.

Temía la otra sombra, la amorosa,
las comunes venturas de la gente;
no lo cegó el metal resplandeciente
ni el mármol sepulcral sino la rosa.

Como del otro lado del espejo
se entregó solitario a su complejo
destino de inventor de pesadillas.

Quizá, del otro lado de la muerte,
siga erigiendo solitario y fuerte
espléndidas y atroces maravillas.

CAMDEN, 1892

El olor del café y de los periódicos.
El domingo y su tedio. La mañana
y en la entrevista página esa vana
publicación de versos alegóricos
de un colega feliz. El hombre viejo
está postrado y blanco en su decente
habitación de pobre. Ociosamente
mira su cara en el cansado espejo.
Piensa, ya sin asombro, que esa cara
es él. La distraída mano toca
la turbia barba y la saqueada boca.
No está lejos el fin. Su voz declara:
Casi no soy, pero mis versos ritman
la vida y su esplendor. Yo fui Walt Whitman.

PARÍS, 1856

La larga postración lo ha acostumbrado
a anticipar la muerte. Le daría
miedo salir al clamoroso día
y andar entre los hombres. Derribado,
Enrique Heine piensa en aquel río,
el tiempo, que lo aleja lentamente
de esa larga penumbra y del doliente
destino de ser hombre y ser judío.
Piensa en las delicadas melodías
cuyo instrumento fue, pero bien sabe
que el trino no es del árbol ni del ave
sino del tiempo y de sus vagos días.
No han de salvarte, no, tus ruiseñores,
tus noches de oro y tus cantadas flores.

RAFAEL CANSINOS-ASSÉNS

La imagen de aquel pueblo lapidado
y execrado, inmortal en su agonía,
en las negras vigilias lo atraía
con una suerte de terror sagrado.
Bebió como quien bebe un hondo vino
los Psalmos y el Cantar de la Escritura
y sintió que era suya esa dulzura
y sintió que era suyo aquel destino.
Lo llamaba Israel. Íntimamente
la oyó Cansinos como oyó el profeta
en la secreta cumbre la secreta
voz del Señor desde la zarza ardiente.
Acompáñeme siempre su memoria;
las otras cosas las dirá la gloria.

LOS ENIGMAS

Yo que soy el que ahora está cantando
seré mañana el misterioso, el muerto,
el morador de un mágico y desierto
orbe sin antes ni después ni cuándo.
Así afirma la mística. Me creo
indigno del Infierno o de la Gloria,
pero nada predigo. Nuestra historia
cambia como las formas de Proteo.
¿Qué errante laberinto, qué blancura
ciega de resplandor será mi suerte,
cuando me entregue el fin de esta aventura
la curiosa experiencia de la muerte?
Quiero beber su cristalino Olvido,
ser para siempre; pero no haber sido.

EL INSTANTE

¿Dónde estarán los siglos, dónde el sueño
de espadas que los tártaros soñaron,
dónde los fuertes muros que allanaron,
dónde el Árbol de Adán y el otro Leño?
El presente está solo. La memoria
erige el tiempo. Sucesión y engaño
es la rutina del reloj. El año
no es menos vano que la vana historia.
Entre el alba y la noche hay un abismo
de agonías, de luces, de cuidados;
el rostro que se mira en los gastados
espejos de la noche no es el mismo.
El hoy fugaz es tenue y es eterno;
otro Cielo no esperes, ni otro Infierno.

AL VINO

En el bronce de Homero resplandece tu nombre,
negro vino que alegras el corazón del hombre.

Siglos de siglos hace que vas de mano en mano
desde el ritón del griego al cuerno del germano.

En la aurora ya estabas. A las generaciones
les diste en el camino tu fuego y tus leones.

Junto a aquel otro río de noches y de días
corre el tuyo que aclaman amigos y alegrías,

vino que como un Éufrates patriarcal y profundo
vas fluyendo a lo largo de la historia del mundo.

En tu cristal que vive nuestros ojos han visto
una roja metáfora de la sangre de Cristo.

En las arrebatadas estrofas del sufí
eres la cimitarra, la rosa y el rubí.

Que otros en tu Leteo beban un triste olvido;
yo busco en ti las fiestas del fervor compartido.

Sésamo con el cual antiguas noches abro
y en la dura tiniebla, dádiva y candelabro.

Vino del mutuo amor o la roja pelea,
alguna vez te llamaré. Que así sea.

SONETO DEL VINO

¿En que reino, en qué siglo, bajo qué silenciosa
conjunción de los astros, en qué secreto día
que el mármol no ha salvado, surgió la valerosa
y singular idea de inventar la alegría?
Con otoños de oro la inventaron. El vino
fluye rojo a lo largo de las generaciones
como el río del tiempo y en el arduo camino
nos prodiga su música, su fuego y sus leones.
En la noche del júbilo o en la jornada adversa
exalta la alegría o mitiga el espanto
y el ditirambo nuevo que este día le canto
otrora lo cantaron el árabe y el persa.
Vino, enséñame el arte de ver mi propia historia
como si ésta ya fuera ceniza en la memoria.

1964

I

Ya no es mágico el mundo. Te han dejado.
Ya no compartirás la clara luna
ni los lentos jardines. Ya no hay una
luna que no sea espejo del pasado,
cristal de soledad, sol de agonías.
Adiós las mutuas manos y las sienes
que acercaba el amor. Hoy sólo tienes
la fiel memoria y los desiertos días.
Nadie pierde (repites vanamente)
sino lo que no tiene y no ha tenido
nunca, pero no basta ser valiente
para aprender el arte del olvido.
Un símbolo, una rosa, te desgarra
y te puede matar una guitarra.

II

Ya no seré feliz. Tal vez no importa.
Hay tantas otras cosas en el mundo;
un instante cualquiera es más profundo

y diverso que el mar. La vida es corta
y aunque las horas son tan largas, una
oscura maravilla nos acecha,
la muerte, ese otro mar, esa otra flecha
que nos libra del sol y de la luna
y del amor. La dicha que me diste
y me quitaste debe ser borrada;
lo que era todo tiene que ser nada.
Sólo me queda el goce de estar triste,
esa vana costumbre que me inclina
al Sur, a cierta puerta, a cierta esquina.

EL HAMBRE

Madre antigua y atroz de la incestuosa guerra,
borrado sea tu nombre de la faz de la tierra.

Tú que arrojaste al círculo del horizonte abierto
la alta proa del viking, las lanzas del desierto.

En la Torre del Hambre de Ugolino de Pisa
tienes tu monumento y en la estrofa concisa

que nos deja entrever (sólo entrever) los días
últimos y en la sombra que cae las agonías.

Tú que de sus pinares haces que surja el lobo
y que guiaste la mano de Jean Valjean al robo.

Una de tus imágenes es aquel silencioso
dios que devora el orbe sin ira y sin reposo,

el tiempo. Hay otra diosa de tiniebla y de osambre;
su lecho es la vigilia y su pan es el hambre.

Tú que a Chatterton diste la muerte en la bohardilla
entre los falsos códices y la luna amarilla.

Tú que entre el nacimiento del hombre y su agonía
pides en la oración el pan de cada día.

Tú cuya lenta espada roe generaciones
y sobre los testuces lanzas a los leones.

Madre antigua y atroz de la incestuosa guerra,
borrado sea tu nombre de la faz de la tierra.

EL FORASTERO

Despachadas las cartas y el telegrama,
camina por las calles indefinidas
y advierte leves diferencias que no le importan
y piensa en Aberdeen o en Leyden,
más vívidas para él que este laberinto
de líneas rectas, no de complejidad,
donde lo lleva el tiempo de un hombre
cuya verdadera vida está lejos.
En una habitación numerada
se afeitará después ante un espejo
que no volverá a reflejarlo
y le parecerá que ese rostro
es más inescrutable y más firme
que el alma que lo habita
y que a lo largo de los años lo labra.
Se cruzará contigo en una calle
y acaso notarás que es alto y gris
y que mira las cosas.
Una mujer indiferente
le ofrecerá la tarde y lo que pasa
del otro lado de unas puertas. El hombre
piensa que olvidará su cara y recordará,

años después, cerca del Mar del Norte,
la persiana o la lámpara.
Esa noche, sus ojos contemplarán
en un rectángulo de formas que fueron,
al jinete y su épica llanura,
porque el Far West abarca el planeta
y se espeja en los sueños de los hombres
que nunca lo han pisado.
En la numerosa penumbra, el desconocido
se creerá en su ciudad
y lo sorprenderá salir a otra,
de otro lenguaje y de otro cielo.

Antes de la agonía,
el infierno y la gloria nos están dados;
andan ahora por esta ciudad, Buenos Aires,
que para el forastero de mi sueño
(el forastero que yo he sido bajo otros astros)
es una serie de imprecisas imágenes
hechas para el olvido.

A QUIEN ESTÁ LEYÉNDOME

Eres invulnerable. ¿No te han dado
los números que rigen tu destino
certidumbre de polvo? ¿No es acaso
tu irreversible tiempo el de aquel río
en cuyo espejo Heráclito vio el símbolo
de su fugacidad? Te espera el mármol
que no leerás. En él ya están escritos
la fecha, la ciudad y el epitafio.
Sueños del tiempo son también los otros,
no firme bronce ni acendrado oro;
el universo es, como tú, Proteo.
Sombra, irás a la sombra que te aguarda
fatal en el confín de tu jornada;
piensa que de algún modo ya estás muerto.

EL ALQUIMISTA

Lento en el alba un joven que han gastado
la larga reflexión y las avaras
vigilias considera ensimismado
los insomnes braseros y alquitaras.

Sabe que el oro, ese Proteo, acecha
bajo cualquier azar, como el destino;
sabe que está en el polvo del camino,
en el arco, en el brazo y en la flecha.

En su oscura visión de un ser secreto
que se oculta en el astro y en el lodo,
late aquel otro sueño de que todo
es agua, que vio Tales de Mileto.

Otra visión habrá; la de un eterno
Dios cuya ubicua faz es cada cosa,
que explicará el geométrico Spinoza
en un libro más arduo que el Averno...

En los vastos confines orientales
del azul palidecen los planetas,
el alquimista piensa en las secretas
leyes que unen planetas y metales.

Y mientras cree tocar enardecido
el oro aquel que matará la Muerte,
Dios, que sabe de alquimia, lo convierte
en polvo, en nadie, en nada y en olvido.

ALGUIEN

Un hombre trabajado por el tiempo,
un hombre que ni siquiera espera la muerte
(las pruebas de la muerte son estadísticas
y nadie hay que no corra el albur
de ser el primer inmortal),
un hombre que ha aprendido a agradecer
las modestas limosnas de los días:
el sueño, la rutina, el sabor del agua,
una no sospechada etimología,
un verso latino o sajón,
la memoria de una mujer que lo ha abandonado
hace ya tantos años
que hoy puede recordarla sin amargura,
un hombre que no ignora que el presente
ya es el porvenir y el olvido,
un hombre que ha sido desleal
y con el que fueron desleales,
puede sentir de pronto, al cruzar la calle,
una misteriosa felicidad
que no viene del lado de la esperanza
sino de una antigua inocencia,
de su propia raíz o de un dios disperso.

Sabe que no debe mirarla de cerca,
porque hay razones más terribles que tigres
que le demostrarán su obligación
de ser un desdichado,
pero humildemente recibe
esa felicidad, esa ráfaga.

Quizá en la muerte para siempre seremos,
cuando el polvo sea polvo,
esa indescifrable raíz,
de la cual para siempre crecerá,
ecuánime o atroz,
nuestro solitario cielo o infierno.

EVERNESS

Sólo una cosa no hay. Es el olvido.
Dios, que salva el metal, salva la escoria
y cifra en Su profética memoria
las lunas que serán y las que han sido.

Ya todo está. Los miles de reflejos
que entre los dos crepúsculos del día
tu rostro fue dejando en los espejos
y los que irá dejando todavía.

Y todo es una parte del diverso
cristal de esa memoria, el universo;
no tienen fin sus arduos corredores

y las puertas se cierran a tu paso;
sólo del otro lado del ocaso
verás los Arquetipos y Esplendores.

EWIGKEIT

Torne en mi boca el verso castellano
a decir lo que siempre está diciendo
desde el latín de Séneca: el horrendo
dictamen de que todo es del gusano.
Torne a cantar la pálida ceniza,
los fastos de la muerte y la victoria
de esa reina retórica que pisa
los estandartes de la vanagloria.
No así. Lo que mi barro ha bendecido
no lo voy a negar como un cobarde.
Sé que una cosa no hay. Es el olvido;
sé que en la eternidad perdura y arde
lo mucho y lo precioso que he perdido:
esa fragua, esa luna y esa tarde.

EDIPO Y EL ENIGMA

Cuadrúpedo en la aurora, alto en el día
y con tres pies errando por el vano
ámbito de la tarde, así veía
la eterna esfinge a su inconstante hermano,

el hombre, y con la tarde un hombre vino
que descifró aterrado en el espejo
de la monstruosa imagen, el reflejo
de su declinación y su destino.

Somos Edipo y de un eterno modo
la larga y triple bestia somos, todo
lo que seremos y lo que hemos sido.

Nos aniquilaría ver la ingente
forma de nuestro ser; piadosamente
Dios nos depara sucesión y olvido.

SPINOZA

Las traslúcidas manos del judío
labran en la penumbra los cristales
y la tarde que muere es miedo y frío.
(Las tardes a las tardes son iguales.)

Las manos y el espacio de jacinto
que palidece en el confín del Ghetto
casi no existen para el hombre quieto
que está soñando un claro laberinto.

No lo turba la fama, ese reflejo
de sueños en el sueño de otro espejo,
ni el temeroso amor de las doncellas.

Libre de la metáfora y del mito
labra un arduo cristal: el infinito
mapa de Aquel que es todas Sus estrellas.

ESPAÑA

Más allá de los símbolos,
más allá de la pompa y la ceniza de los aniversarios,
más allá de la aberración del gramático
que ve en la historia del hidalgo
que soñaba ser don Quijote y al fin lo fue,
no una amistad y una alegría
sino un herbario de arcaísmos y un refranero,
estás, España silenciosa, en nosotros.
España del bisonte, que moriría
por el hierro o el rifle,
en las praderas del ocaso, en Montana,
España donde Ulises descendió a la Casa de Hades,
España del íbero, del celta, del cartaginés, y de Roma,
España de los duros visigodos,
de estirpe escandinava,
que deletrearon y olvidaron la escritura de Ulfilas,
pastor de pueblos,
España del Islam, de la cábala
y de la Noche Oscura del Alma,
España de los inquisidores,
que padecieron el destino de ser verdugos
y hubieran podido ser mártires,
España de la larga aventura

que descifró los mares y redujo crueles imperios
y que prosigue aquí, en Buenos Aires,
en este atardecer del mes de julio de 1964,
España de la otra guitarra, la desgarrada,
no la humilde, la nuestra,
España de los patios,
España de la piedra piadosa de catedrales y
    santuarios,
España de la hombría de bien y de la caudalosa
    amistad,
España del inútil coraje,
podemos profesar otros amores,
podemos olvidarte
como olvidamos nuestro propio pasado,
porque inseparablemente estás en nosotros,
en los íntimos hábitos de la sangre,
en los Acevedo y los Suárez de mi linaje,
España,
madre de ríos y de espadas y de multiplicadas
    generaciones,
incesante y fatal.

ELEGÍA

Oh destino el de Borges,
haber navegado por los diversos mares del
mundo
o por el único y solitario mar de nombres diversos,
haber sido una parte de Edimburgo, de Zürich, de
las dos Córdobas,
de Colombia y de Texas,
haber regresado, al cabo de cambiantes
generaciones,
a las antiguas tierras de su estirpe,
a Andalucía, a Portugal y a aquellos condados
donde el sajón guerreó con el danés y mezclaron
sus sangres,
haber errado por el rojo y tranquilo laberinto de
Londres,
haber envejecido en tantos espejos,
haber buscado en vano la mirada de mármol de las
estatuas,
haber examinado litografías, enciclopedias, atlas,
haber visto las cosas que ven los hombres,
la muerte, el torpe amanecer, la llanura
y las delicadas estrellas,
y no haber visto nada o casi nada

sino el rostro de una muchacha de Buenos Aires,
un rostro que no quiere que lo recuerde.
Oh destino de Borges,
tal vez no más extraño que el tuyo.

Bogotá, 1963.

ADAM CAST FORTH

¿Hubo un Jardín o fue el Jardín un sueño?
Lento en la vaga luz, me he preguntado,
casi como un consuelo, si el pasado
de que este Adán, hoy mísero, era dueño,

no fue sino una mágica impostura
de aquel Dios que soñé. Ya es impreciso
en la memoria el claro Paraíso,
pero yo sé que existe y que perdura,

aunque no para mí. La terca tierra
es mi castigo y la incestuosa guerra
de Caínes y Abeles y su cría.

Y, sin embargo, es mucho haber amado,
haber sido feliz, haber tocado
el viviente Jardín, siquiera un día.

A UNA MONEDA

Fría y tormentosa la noche que zarpé de Montevideo.
Al doblar el Cerro,
tiré desde la cubierta más alta
una moneda que brilló y se anegó en las aguas barrosas,
una cosa de luz que arrebataron el tiempo y la
    tiniebla.
Tuve la sensación de haber cometido un acto
    irrevocable,
de agregar a la historia del planeta
dos series incesantes, paralelas, quizá infinitas:
mi destino, hecho de zozobra, de amor y de vanas
    vicisitudes,
y el de aquel disco de metal
que las aguas darían al blando abismo
o a los remotos mares que aún roen
despojos del sajón y del fenicio.
A cada instante de mi sueño o de mi vigilia
corresponde otro de la ciega moneda.
A veces he sentido remordimiento
y otras envidia,
de ti que estás, como nosotros, en el tiempo y su
    laberinto
y que no lo sabes.

OTRO POEMA DE LOS DONES

Gracias quiero dar al divino
laberinto de los efectos y de las causas
por la diversidad de las criaturas
que forman este singular universo,
por la razón, que no cesará de soñar
con un plano del laberinto,
por el rostro de Elena y la perseverancia de Ulises,
por el amor, que nos deja ver a los otros
como los ve la divinidad,
por el firme diamante y el agua suelta,
por el álgebra, palacio de precisos cristales,
por las místicas monedas de Ángel Silesio,
por Schopenhauer,
que acaso descifró el universo,
por el fulgor del fuego
que ningún ser humano puede mirar sin un asombro
      antiguo,
por la caoba, el cedro y el sándalo,
por el pan y la sal,
por el misterio de la rosa
que prodiga color y que no lo ve,
por ciertas vísperas y días de 1955,
por los duros troperos que en la llanura

arrean los animales y el alba,
por la mañana en Montevideo,
por el arte de la amistad,
por el último día de Sócrates,
por las palabras que en un crepúsculo se dijeron
de una cruz a otra cruz,
por aquel sueño del Islam que abarcó
Mil noches y una noche,
por aquel otro sueño del infierno,
de la torre del fuego que purifica
y de las esferas gloriosas,
por Swedenborg,
que conversaba con los ángeles en las calles de
    Londres,
por los ríos secretos e inmemoriales
que convergen en mí,
por el idioma que, hace siglos, hablé en
    Nortumbria,
por la espada y el arpa de los sajones,
por el mar, que es un desierto resplandeciente
y una cifra de cosas que no sabemos,
por la música verbal de Inglaterra,
por la música verbal de Alemania,
por el oro, que relumbra en los versos,
por el épico invierno,
por el nombre de un libro que no he leído: *Gesta Dei
    per Francos*,
por Verlaine, inocente como los pájaros,
por el prisma de cristal y la pesa de bronce,
por las rayas del tigre,

por las altas torres de San Francisco y de la isla de
    Manhattan,
por la mañana en Texas,
por aquel sevillano que redactó la Epístola Moral
y cuyo nombre, como él hubiera preferido,
    ignoramos,
por Séneca y Lucano, de Córdoba,
que antes del español escribieron
toda la literatura española,
por el geométrico y bizarro ajedrez,
por la tortuga de Zenón y el mapa de Royce,
por el olor medicinal de los eucaliptos,
por el lenguaje, que puede simular la sabiduría,
por el olvido, que anula o modifica el pasado,
por la costumbre,
que nos repite y nos confirma como un espejo,
por la mañana, que nos depara la ilusión de un
    principio,
por la noche, su tiniebla y su astronomía,
por el valor y la felicidad de los otros,
por la patria, sentida en los jazmines
o en una vieja espada,
por Whitman y Francisco de Asís, que ya
    escribieron el poema,
por el hecho de que el poema es inagotable
y se confunde con la suma de las criaturas
y no llegará jamás al último verso
y varía según los hombres,
por Frances Haslam, que pidió perdón a sus hijos
por morir tan despacio,

por los minutos que preceden al sueño,
por el sueño y la muerte,
esos dos tesoros ocultos,
por los íntimos dones que no enumero,
por la música, misteriosa forma del tiempo.

ODA ESCRITA EN 1966

Nadie es la patria. Ni siquiera el jinete
que, alto en el alba de una plaza desierta,
rige un corcel de bronce por el tiempo,
ni los otros que miran desde el mármol,
ni los que prodigaron su bélica ceniza
por los campos de América
o dejaron un verso o una hazaña
o la memoria de una vida cabal
en el justo ejercicio de los días.
Nadie es la patria. Ni siquiera los símbolos.

Nadie es la patria. Ni siquiera el tiempo
cargado de batallas, de espadas y de éxodos
y de la lenta población de regiones
que lindan con la aurora y el ocaso,
y de rostros que van envejeciendo
en los espejos que se empañan
y de sufridas agonías anónimas
que duran hasta el alba
y de la telaraña de la lluvia
sobre negros jardines.

La patria, amigos, es un acto perpetuo
como el perpetuo mundo. (Si el Eterno
Espectador dejara de soñarnos
un solo instante, nos fulminaría,
blanco y brusco relámpago, Su olvido.)
Nadie es la patria, pero todos debemos
ser dignos del antiguo juramento
que prestaron aquellos caballeros
de ser lo que ignoraban, argentinos,
de ser lo que serían por el hecho
de haber jurado en esa vieja casa.
Somos el porvenir de esos varones,
la justificación de aquellos muertos;
nuestro deber es la gloriosa carga
que a nuestra sombra legan esas sombras
que debemos salvar.

Nadie es la patria, pero todos lo somos.
Arda en mi pecho y en el vuestro, incesante,
ese límpido fuego misterioso.

EL SUEÑO

Si el sueño fuera (como dicen) una
tregua, un puro reposo de la mente,
¿por qué, si te despiertan bruscamente,
sientes que te han robado una fortuna?
¿Por qué es tan triste madrugar? La hora
nos despoja de un don inconcebible,
tan íntimo que sólo es traducible
en un sopor que la vigilia dora
de sueños, que bien pueden ser reflejos
truncos de los tesoros de la sombra,
de un orbe intemporal que no se nombra
y que el día deforma en sus espejos.
¿Quién serás esta noche en el oscuro
sueño, del otro lado de su muro?

JUNÍN

Soy, pero soy también el otro, el muerto,
el otro de mi sangre y de mi nombre;
soy un vago señor y soy el hombre
que detuvo las lanzas del desierto.
Vuelvo a Junín, donde no estuve nunca,
a tu Junín, abuelo Borges. ¿Me oyes,
sombra o ceniza última, o desoyes
en tu sueño de bronce esta voz trunca?
Acaso buscas por mis vanos ojos
el épico Junín de tus soldados,
el árbol que plantaste, los cercados
y en el confín la tribu y los despojos.
Te imagino severo, un poco triste.
Quién me dirá cómo eras y quién fuiste.

Junín, 1966.

UN SOLDADO DE LEE
(1862)

Lo ha alcanzado una bala en la ribera
de una clara corriente cuyo nombre
ignora. Cae de boca. (Es verdadera
la historia y más de un hombre fue aquel hombre.)
El aire de oro mueve las ociosas
hojas de los pinares. La paciente
hormiga escala el rostro indiferente.
Sube el sol. Ya han cambiado muchas cosas
y cambiarán sin término hasta cierto
día del porvenir en que te canto
a ti que, sin la dádiva del llanto,
caíste como un hombre muerto.
No hay un mármol que guarde tu memoria;
seis pies de tierra son tu oscura gloria.

EL MAR

Antes que el sueño (o el terror) tejiera
mitologías y cosmogonías,
antes que el tiempo se acuñara en días,
el mar, el siempre mar, ya estaba y era.
¿Quién es el mar? ¿Quién es aquel violento
y antiguo ser que roe los pilares
de la tierra y es uno y muchos mares
y abismo y resplandor y azar y viento?
Quien lo mira lo ve por vez primera,
siempre. Con el asombro que las cosas
elementales dejan, las hermosas
tardes, la luna, el fuego de una hoguera.
¿Quién es el mar, quién soy? Lo sabré el día
ulterior que sucede a la agonía.

UNA MAÑANA DE 1649

Carlos avanza entre su pueblo. Mira
a izquierda y a derecha. Ha rechazado
los brazos de la escolta. Liberado
de la necesidad de la mentira,

sabe que hoy va a la muerte, no al olvido,
y que es un rey. La ejecución lo espera;
la mañana es atroz y verdadera.
No hay temor en su carne. Siempre ha sido,

a fuer de buen tahúr, indiferente.
Ha apurado la vida hasta las heces;
ahora está solo entre la armada gente.

No lo infama el patíbulo. Los jueces
no son el Juez. Saluda levemente
y sonríe. Lo ha hecho tantas veces.

A UN POETA SAJÓN

La nieve de Nortumbria ha conocido
y ha olvidado la huella de tus pasos
y son innumerables los ocasos
que entre nosotros, gris hermano, han sido.
Lento en la lenta sombra labrarías
metáforas de espadas en los mares
y del horror que mora en los pinares
y de la soledad que traen los días.
¿Dónde buscar tus rasgos y tu nombre?
Ésas son cosas que el antiguo olvido
guarda. Nunca sabré cómo habrás sido
cuando sobre la tierra fuiste un hombre.
Seguiste los caminos del destierro;
ahora sólo eres tu cantar de hierro.

BUENOS AIRES

Antes, yo te buscaba en tus confines
que lindan con la tarde y la llanura
y en la verja que guarda una frescura
antigua de cedrones y jazmines.
En la memoria de Palermo estabas,
en su mitología de un pasado
de baraja y puñal y en el dorado
bronce de las inútiles aldabas,
con su mano y sortija. Te sentía
en los patios del Sur y en la creciente
sombra que desdibuja lentamente
su larga recta, al declinar el día.
Ahora estás en mí. Eres mi vaga
suerte, esas cosas que la muerte apaga.

BUENOS AIRES

Y la ciudad, ahora, es como un plano
de mis humillaciones y fracasos;
desde esa puerta he visto los ocasos
y ante ese mármol he aguardado en vano.
Aquí el incierto ayer y el hoy distinto
me han deparado los comunes casos
de toda suerte humana; aquí mis pasos
urden su incalculable laberinto.
Aquí la tarde cenicienta espera
el fruto que le debe la mañana;
aquí mi sombra en la no menos vana
sombra final se perderá, ligera.
No nos une el amor sino el espanto;
será por eso que la quiero tanto.

AL HIJO

No soy yo quien te engendra. Son los muertos.
Son mi padre, su padre y sus mayores;
son los que un largo dédalo de amores
trazaron desde Adán y los desiertos
de Caín y de Abel, en una aurora
tan antigua que ya es mitología,
y llegan, sangre y médula, a este día
del porvenir, en que te engendro ahora.
Siento su multitud. Somos nosotros
y, entre nosotros, tú y los venideros
hijos que has de engendrar. Los postrimeros
y los del rojo Adán. Soy esos otros,
también. La eternidad está en las cosas
del tiempo, que son formas presurosas.

LOS COMPADRITOS MUERTOS

Siguen apuntalando la recova
del Paseo de Julio, sombras vanas
en eterno altercado con hermanas
sombras o con el hambre, esa otra loba.
Cuando el último sol es amarillo
en la frontera de los arrabales,
vuelven a su crepúsculo, fatales
y muertos, a su puta y su cuchillo.
Perduran en apócrifas historias,
en un modo de andar, en el rasguido
de una cuerda, en un rostro, en un silbido,
en pobres cosas y en oscuras glorias.
En el íntimo patio de la parra
cuando la mano templa la guitarra.

Índice

Prólogo 7

Insomnio 11
Two english poems 14
La noche cíclica 17
Del infierno y del cielo 19
Poema conjetural 21
Poema del cuarto elemento 23
A un poeta menor de la antología 25
Página para recordar al coronel Suárez,
     vencedor en Junín 27
Mateo, XXV, 30 30
Una brújula 32
Una llave en salónica 33
Un poeta del siglo XIII 34
Un soldado de Urbina 35
Límites 36
Baltasar Gracián 38
Un sajón (449 A.D.) 40
El Golem 42

El tango 46

El otro 49

Una rosa y Milton 50

Lectores 51

Juan, I, 14 52

El despertar 53

A quien ya no es joven 54

Alexander Selkirk 55

Odisea, libro vigésimo tercero 56

Él 57

Sarmiento 58

A un poeta menor de 1899 60

Texas 61

Composición escrita en un ejemplar
    de la gesta de Beowulf 62

Hengist Cyning 63

Fragmento 65

A una espada en York Minster 67

A un poeta sajón 68

Snorri Sturluson (1179-1241) 70

A Carlos XII 71

Emanuel Swedenborg 72

Jonathan Edwards (1703-1785) 73

Emerson 74

Edgar Allan Poe 75

Camden, 1892 76

París, 1856 77

Rafael Cansinos-Asséns 78

Los enigmas 79

El instante 80

Al vino 81

Soneto del vino 83

1964 84

El hambre 86

El forastero 88

A quien está leyéndome 90

El alquimista 91

Alguien 93

Everness 95

Ewigkeit 96

Edipo y el enigma 97

Spinoza 98

España 99

Elegía 101

Adam Cast Forth 103

A una moneda 104

Otro poema de los dones 105

Oda escrita en 1966 109

El sueño 111

Junín 112

Un soldado de Lee (1862) 113

El mar 114

Una mañana de 1649 115

A un poeta Sajón 116

Buenos Aires 117

Buenos Aires 118

Al hijo 119

Los compadritos muertos 120